Die Sieben Raben

Ein Märchen der Brüder Grimm
mit Bildern von Annika Sauerborn

CARLSEN

Ein Mann hatte sieben Söhne und wünschte sich so sehr noch eine Tochter. Eines Tages wurde sein Wunsch wahr. Ein Mädchen kam zur Welt. Aber das Kind war so schwach, dass man Angst hatte, es könnte gleich wieder sterben. Darum sollte es schnell die Nottaufe erhalten.

Der Vater schickte einen seiner Söhne zum Brunnen, um Taufwasser zu holen. Die anderen sechs liefen mit. Da jeder der Erste beim Schöpfen sein wollte, rangelten sie und der Krug fiel ihnen in den Brunnen. Da standen die Brüder und wussten nicht, was sie tun sollten. Nach Hause trauten sie sich nun nicht mehr.

Der Vater wurde ungeduldig, als sie nicht zurückkamen. Er meinte: »Gewiss haben sie beim Spielen alles vergessen.« Er hatte Angst, dass das Mädchen ungetauft sterben müsste, und rief verärgert: »Ich wollte, dass die Jungen alle zu Raben würden!«

Kaum hatte er es ausgesprochen, da hörte er ein Schwirren in der Luft. Als er aufblickte, sah er sieben kohlschwarze Raben davonfliegen. Die Eltern konnten aber die Verwünschung nicht zurücknehmen und waren sehr traurig über den Verlust ihrer Söhne.

Ihre Tochter hingegen wurde bald gesund und wuchs zu einem schönen Kind heran. Lange wusste sie nichts von ihren Brüdern, aber eines Tages hörte sie die Leute im Dorf von ihnen sprechen. Da ging das Mädchen zu den Eltern, und die erzählten, wie alles gekommen war.

Die Kleine glaubte, sie wäre schuld am Schicksal der Brüder, und fand keine Ruhe mehr. Heimlich machte sie sich auf und ging in die Welt hinaus, um ihre Brüder zu finden und zu erlösen.

Sie nahm nichts mit als einen Ring von den Eltern als Andenken, ein Stück Brot, einen Krug Wasser und schließlich einen Schemel für die Müdigkeit. Das Mädchen ging bis ans Ende der Welt und kam zur Sonne. Aber die war heiß und furchterregend.

Eilig lief die Kleine weiter und kam zum Mond. aber der war eiskalt und gruselig. Sie lief schnell weiter und kam zu den Sternen. Die waren freundlich und gut. Der Morgenstern gab ihr einen Hühnerknochen und sprach: »Ohne diesen Knochen kannst du den Glasberg nicht aufschließen. In dem Glasberg aber sind deine Brüder.«

Das Mädchen nahm den Hühnerknochen, wickelte ihn in ein Tuch und ging so lange, bis es zum Glasberg kam. Das Tor war verschlossen und die Kleine wollte den Knochen hervorholen. Aber das Tuch war leer, sie hatte das Geschenk der Sterne verloren. Da weinte sie bitterlich.

In ihrer Verzweiflung steckte die Kleine ein Fingerchen in das Schloss und siehe da, das Tor öffnete sich. Ein Zwerg kam ihr entgegen und fragte: »Was suchst du?« Das Mädchen antwortete: »Ich suche meine Brüder, die sieben Raben.« »Die Herren Raben sind nicht da«, sagte der Zwerg, »aber du kannst auf sie warten.«

Dann trug der Zwerg das Essen der Raben herein, auf sieben Tellern und in sieben Bechern. Von jedem Teller aß die Schwester ein bisschen und aus jedem Becher trank sie einen Schluck. In den letzten Becher aber ließ sie den mitgebrachten Ring fallen. Auf einmal war ein Schwirren in der Luft und der Zwerg sagte: »Jetzt kommen die Herren Raben heim.«

Die Raben aßen und tranken und einer nach dem anderen fragte: »Wer hat von meinem Teller gegessen? Wer hat aus meinem Becher getrunken? Das war doch ein Mensch! « Der siebte Rabe fand den Ring und erkannte ihn wieder. Da rief er: »Wenn unsere Schwester hier wäre, wir wären erlöst!« Das Mädchen aber hatte hinter der Tür gelauscht.

Nun trat sie hervor. Augenblicklich bekamen die Raben ihre menschliche Gestalt zurück. Sie umarmten und küssten einander und dann zogen alle zusammen fröhlich heim zu den Eltern.